RÉPERTOIRE
DU THÉATRE MODERNE

500 FRANCS
DE RÉCOMPENSE

COMÉDIE EN UN ACTE

DE

MM. SIRAUDIN & VICTOR BERNARD

Représentée pour la première fois à Paris, sur le Théâtre du Gymnase,
le 26 août 1865.

PARIS

E. DENTU, ÉDITEUR
LIBRAIRE DE LA SOCIÉTÉ DES GENS DE LETTRES
PALAIS-ROYAL, 17 ET 19, GALERIE D'ORLÉANS

500 FRANCS

DE RÉCOMPENSE

500 FRANCS
DE RÉCOMPENSE

COMÉDIE EN UN ACTE

DE

MM. SIRAUDIN & VICTOR BERNARD

Représentée pour la première fois à Paris, sur le Théâtre du Gymnase,
le 26 août 1865.

PARIS

E. DENTU, ÉDITEUR

LIBRAIRE DE LA SOCIÉTÉ DES GENS DE LETTRES

PALAIS-ROYAL, 17 et 19, GALERIE D'ORLÉANS.

1865

500 FRANCS
DE RÉCOMPENSE

Un appartement élégamment meublé, porte au fond, portes latérales. — Fenêtre et bureau à droite, cheminée à gauche, guéridon au milieu.

SCÈNE PREMIÈRE

MONTALET, sortant de la gauche et parlant à la cantonnade.

C'est inutile! ne cherchez pas... Puisque je vous dis... que ce n'est pas ici que je les ai perdus. (Descendant la scène.) Pardieu! non... ils ne sont nulle part, si ce n'est là-dedans. (Il montre une lettre qu'il tient à la main.) C'est mal ce que je fais. (Il hésite.) Voyons!.. un bon mouvement. Mais non! Il n'y a plus à reculer... à présent que j'ai déclaré avoir égaré... ces trois billets de 1000 francs... Et puis cette petite Nisida est si gentille! un nez retroussé... des fossettes dans les joues... sur les bras... oh! ma femme! cachons cette lettre....

SCÈNE II

MONTALET, AMÉLIE *.

AMÉLIE, accourant de la gauche.
Mais enfin, mon ami... dis-moi... où et comment ces billets?...

MONTALET.
Ma chère Amélie... je t'en prie... ne parlons plus de ça.... n'ajoute pas encore à l'ennui d'avoir fait cette perte... le chapitre des regrets ou des remontrances... c'est perdu, n'y pensons plus...

* Amélie, Montalet.

AMÉLIE.

Soit ! Songeons à autre chose.... Ah ! as-tu été chez ton notaire.... pour retirer les fonds qu'il a reçus pour tes fermages ?..

MONTALET.

Non... et... je vais... ah !... étourdi ... que je suis !.. c'est fête aujourd'hui....

AMÉLIE.

Tiens ! c'est vrai.

MONTALET.

Et de plus c'est samedi. En sorte que je ne pourrai toucher mes fonds que lundi... mais n'importe... (Il boutonne sa redingote.)

AMÉLIE.

Tu sors? Où vas-tu ?...

MONTALET.

Je vais... je vais... au club.

AMÉLIE.

Sitôt ?.. Je croyais qu'il ne faisait jour que le soir... à votre club...

MONTALET.

Méchante !

AMÉLIE.

Et peut-on savoir le grave motif qui vous met en fuite de si bonne heure ?... (Elle s'assied au guéridon et brode.)

MONTALET.

Une grande réunion... je suis du conseil d'administration..

AMÉLIE.

Un joli grade !

MONTALET.

Nous avons, à deux heures, séance préparatoire... et comme il s'agit de l'article 3.

AMÉLIE.

Vous m'intéressez !.. on vous croirait du Corps législatif... Et que dit-il, ce bienheureux article qui a le don de vous occuper si fort ?..

MONTALET, s'asseyant.

Voici... notre cercle.... le club des Topinambours... se compose de 113 membres et l'article 3 des statuts... défend que ce nombre soit dépassé sous n'importe quel prétexte.

AMÉLIE.

C'est le cercle de Popilius !...

MONTALET.

Aussi n'y entre-t-on que par succession.....

AMÉLIE.

Comme à l'Académie !

MONTALET.

Ou par suite d'une démission.....

AMÉLIE.

Comme au ministère !

MONTALET.

C'est à ce point que tu ne saurais imaginer les moyens bizarres, les subterfuges qu'on emploie... pour provoquer des vacances...

AMÉLIE.

Ah !.. et que fait-on ?

MONTALET.

Tiens, dernièrement... un des nôtres, qu'on voulait pousser à donner sa démission... Eh bien ! le postulant n'a-t-il pas imaginé de faire la cour à sa femme ?...

AMÉLIE.

C'est singulier !... je ne vois pas le rapport...

MONTALET.

Songe donc ! voilà le raisonnement qu'il s'était fait... Pendant que le mari est au cercle... se disait-il, je vais faire le galant auprès de sa femme... ça contrariera le mari... il n'ira plus... au cercle... il donnera sa démission... et j'aurai sa place.

AMÉLIE.

Et... qu'est-il arrivé ?

MONTALET.

Qu'il a eu sa place !

AMÉLIE.

Au club ?

MONTALET, se levant.

Non !...

AMÉLIE, souriant.

Ah !... c'est bien, sortez !... allez à votre conseil d'administration ; moi... je resterai ici... seule... à broder, en vous attendant...

MONTALET.

Comme tu dis cela... Voyons, Amélie... pourquoi ne sors-tu pas ?... c'est fête !... les boulevards sont resplendissants... il fait un temps superbe...

AMÉLIE.

Sortir ?... Le puis-je ?... Vous savez bien que je n'ai pas de châle...

MONTALET, descendant *.

Comment ?... Tu en as un magnifique... avec des palmes... longues de ça...

____

* Montalet, Amélie.

AMÉLIE.

Un cachemire français... non !...

MONTALET.

Alors, mets ton manteau de velours...

AMÉLIE.

Il y a deux ans que je le traîne, et à moins de faire supposer que je suis condamnée au velours comme un fauteuil
d'orchestre.....

MONTALET.

Et tes fourrures ?...

AMÉLIE.

Consultez donc votre thermomètre ! j'étoufferais...

MONTALET.

Mais hier encore... tu es allée faire des visites et...

AMÉLIE.

Oui, parlons-en... j'ai rencontré sur les boulevards... trois
de mes amies de pension et toutes les trois avaient des ca-
chemires de l'Inde...

MONTALET, à part.

Aïe !...

AMÉLIE.

Or, vous concevez que dans notre position... je ne puis dé-
cemment sortir... avec un cachemire français... c'est humi-
liant pour moi... et surtout pour vous...

MONTALET, à part.

Elle a peut-être raison... (Haut.) Voyons, Amélie... que tes
blanches épaules prennent un peu patience...

AMÉLIE.

Voilà six mois que vous me promettez... et d'ailleurs... il
y a deux jours, n'avez-vous pas touché trois mille francs ?...

MONTALET.

C'est vrai !... Mais si c'est pour me rappeler à la douleur
d'avoir perdu... ces trois mille francs... qui t'étaient desti-
nés... je te le jure !...

AMÉLIE, se levant.

Non, non, j'attendrai.

MONTALET.

Et tu n'y perdras rien... Je t'en donnerai un qui vaudra à
lui tout seul ceux de tes trois amies...

AMÉLIE.

Bien vrai ?...

MONTALET.

Je te le jure !... avant un mois... (A part.) Et elle l'aura !...

AMÉLIE.

Tu es bon !... va !...

MONTALET.

Mais sans rancune!... (A part.) Pauvre petite!... je m'en
veux de la tromper ainsi et je ne sais...

AMÉLIE.

Eh bien?

MONTALET.

Je pensais à ton cachemire.

AMÉLIE.

Tu es gentil!... Et le conseil qui vous attend!...

MONTALET.

C'est juste!... Adieu!... Adieu!... (Il sort par le fond.)

SCÈNE III

AMÉLIE, FRANCINE.

AMÉLIE, seule, se rasseyant.

Allons!.. j'attendrai!... (Soupirant.) Un mois... c'est bien
long!... (A Francine, qui entre de la droite.) Ah!... Francine...
Eh bien?...

FRANCINE, déployant l'affiche qu'elle apporte.

C'est fait, madame!... voyez!... quelle belle affiche!... On
dirait de celle de l'hippodrome...

AMÉLIE, lisant.

Voyons. (Elle lit.) « 500 francs de récompense. Il a été
« perdu hier, 27 avril, 3000 francs dans le trajet du boule-
« vard Montmartre à la rue de Choiseul, n° 25. Le concierge est
« chargé de remettre la récompense promise... »

FRANCINE.

Hein! madame!... si on les rapportait, comme Monsieur
serait content...

AMÉLIE.

Et surpris, car il ignore que nous ayons fait faire ces affiches...

FRANCINE.

Madame ne lui a donc pas dit?...

AMÉLIE.

Il était de si mauvaise humeur que je n'ai pas osé... Mais
allez-vous-en vite trouver l'afficheur... (Elle se lève.)

FRANCINE, ployant l'affiche.

C'est fait, madame!... Il est déjà en train de placarder une
douzaine d'affiches dans le quartier.

AMÉLIE.

Et le concierge?...

FRANCINE.

Madame m'y fait songer... je vais le prévenir...

1.

AMÉLIE.

Allez et ne perdez pas de temps... (Amélie entre à gauche.)

SCÈNE IV

FRANCINE, HECTOR.

FRANCINE, seule.

Ça réussira peut-être !.. on ne sait pas !.. on a vu des gens
honnêtes... Ainsi, moi, un jour, j'ai perdu une broche... Eh
bien !.. on me l'a rapportée... il est vrai qu'elle était en faux !

HECTOR, à la porte du fond *.

M. Montalet, je vous prie...

FRANCINE. *

M. Montalet est sorti...

HECTOR, entrant.

Je l'attendrai !..

FRANCINE.

C'est que j'ignore l'heure à laquelle Monsieur rentrera...

HECTOR.

N'importe !.. j'attendrai...

FRANCINE.

Si Monsieur veut s'asseoir...

HECTOR.

Non... non... merci !..

FRANCINE.

C'est que j'ai affaire au concierge...

HECTOR.

Eh bien !.. allez-y, qui vous en empêche ?.. ça n'est pas
moi, je suppose ?...

FRANCINE.

Oh ! non... Monsieur... (A part.) Il n'est pas aimable, ce
jeune homme !.. (Elle sort par le fond.)

SCÈNE V

HECTOR, seul.

Ah ! je vais donc le voir, ce M. Montalet !.. (Il se promène tout
agité.) Comprend-on cela ? Je vivais en paix depuis un an....
auprès de Nisida, une petite napolitaine, membre de la société du brigandage parisien... lorsque je crus remarquer des
défaillances dans l'affection de mon italienne... J'interrogeai
Fanchette, sa femme de chambre, je la mis à la torture, l'é-
preuve de l'or, et cette vertueuse fille me révéla qu'un

* Hector, Francine.

M. Montalet était reçu par Nisida en audience particulière....
Fanchette me jure que Nisida résiste encore... mais le dan-
ger est imminent et mon cœur refuse de déménager ! — D'a-
bord, je voulais faire une scène à Nisida. Mais à quoi bon ?..
Vous êtes dans votre droit, et les femmes s'arrangent toujours de façon à vous faire demander pardon des torts qu'elles
ont eus envers vous. J'ai préféré tenter une explication avec
M. Montalet... que diable !.. Il aura la courtoisie de ne pas
gêrer mon bonheur ; son caprice de quinze jours s'arrangera
évidemment d'une autre Nisida... l'édition est loin d'être
épuisée... il me comprendra, je l'espère... et ma foi, s'il se
fâche... Eh bien !..

SCÈNE VI

HECTOR, FRANCINE *.

FRANCINE.

Me voilà, Monsieur.....

HECTOR.

Il est donc parti pour les Indes.... ton maître ?

FRANCINE.

Vous êtes impatient !.. attendez !.. Il n'y a que le premier
quart d'heure qui coûte.

HECTOR, se fouillant.

C'est juste !.. Elle m'y fait songer !.. Il n'y a que le premier
quart d'heure qui coûte..... vingt francs ; les voilà !...

FRANCINE.

Monsieur est bien bon !.. (A part.) Je m'étais trompée ! Il
est fort aimable !

HECTOR, s'asseyant au guéridon.

Dis-moi, Marton ?

FRANCINE.

Je me nomme Francine.

HECTOR.

Francine, soit.... Dis-moi... à quelle heure penses-tu que je
puisse rencontrer ton maître !

FRANCINE.

Voyons !.. Il est midi... Il rentre à deux heures... pour
s'habiller et aller au cercle...

HECTOR.

Ah ! il est membre ?...

FRANCINE.

Du club des Topinambours...

* Francine, Hector.

HECTOR.

Ah! parbleu!.... il est bien heureux!.. J'attends depuis quinze mois une vacance!.. (A lui-même.) Tiens! J'y songe!.. Je vais le guetter à la porte de son cercle... Marton... je te laisse...

FRANCINE.

Monsieur manque de patience...

HECTOR.

Oui... (Écoutant un bruit de sonnette.) Hein!.. On sonne!.. (Il remonte.) De deux choses l'une... ou il est rentré... ou tu m'as trompé...

FRANCINE.

Mais du tout... c'est Madame qui sonne...

HECTOR.

Comment, Madame? Madame qui?

FRANCINE.

Madame Montalet... la femme de Monsieur...

HECTOR.

Il est marié! il est marié!...

FRANCINE.

Cela vous étonne?

HECTOR.

Oui... c'est-à-dire... non...

FRANCINE.

Je vais voir ce que veut Madame!

HECTOR, la retenant.

Attends... va dire à ta maîtresse qu'un monsieur désire la voir... lui parler...

FRANCINE.

Mais j'ai cru que c'était à Monsieur...

HECTOR, on entend sonner violemment.

Mais va donc!... Tu vois bien que madame Montalet s'impatiente.

FRANCINE.

J'y vais. (Elle sort à gauche.)

SCÈNE VII

HECTOR, seul.

Il est marié et il veut m'enlever Nisida!..... Il chasse sur mes terres... et il en a, des terres!... Oh!... mais je change mon plan de conduite... J'opère une diversion... La femme est le côté faible d'un mari... Je vais faire la cour à madame Montalet... Je ne la connais pas..... c'est au mieux!... Elle ne me connaît pas non plus.... c'est mieux encore!... Oui... mais

j'y songe... Est-elle jeune ?... jolie ?... C'est impossible !...
Elle doit être vieille et laide... puisque le mari fait l'école
buissonnière... Diable !... Et moi qui me suis fait annoncer !...
Partons !... Oh ! trop tard !...

SCÈNE VIII

HECTOR, AMÉLIE, FRANCINE

FRANCINE, entrant.

Monsieur... voici madame !...

HECTOR.

Non... dis-lui... que...

AMÉLIE, entrant*.

Monsieur...

HECTOR, regardant.

Ah ! je respire !...

FRANCINE, à part.

Qu'a-t-il donc ?

HECTOR, à part.

Elle est charmante !

AMÉLIE.

Vous désiriez, d'après ce que m'a dit ma femme de chambre, parler à mon mari...

HECTOR.

En effet, madame, (A Francine.) Va-t-en...

FRANCINE.

Mais...

HECTOR **.

Tiens !... (Il lui donne 20 francs.)

FRANCINE, à part, en s'en allant.

Il a une manière de se faire obéir...

AMÉLIE.

J'attends, monsieur... que vous vouliez bien me dire...

HECTOR.

Mon Dieu, madame... c'est bien simple !... (A part.) C'est
qu'elle est ravissante !

AMÉLIE.

Asseyez-vous... monsieur... (Elle s'assied à gauche.)

HECTOR, s'asseyant à gauche du guéridon.

Madame... je viens vous faire une confidence...

AMÉLIE.

A moi ?

* Amélie, Francine, Hector.
** Amélie, Hector, Francine.

HECTOR.

Vous êtes même la seule personne à laquelle il me soit permis de la faire, sans être indiscret...

AMÉLIE.

Expliquez-vous, monsieur. Il s'agit peut-être de mon mari?.....

HECTOR.

Oui... Oui... mais très-indirectement.

AMÉLIE.

Cependant, en entrant ici... n'avez-vous pas demandé à voir M. Montalet?...

HECTOR.

Oui... madame!... afin de m'assurer qu'il n'y était pas!...

AMÉLIE.

Comment?...

HECTOR.

Oh! madame!... que de douceur dans vos yeux!... que de charme...

AMÉLIE, se levant.

Monsieur...

HECTOR, qui s'est levé.

Ah! n'appelez pas, de grâce... et pardonnez un moment d'oubli... Le pardon amène le repentir...

AMÉLIE.

Mais... je n'ai pas plus à pardonner que vous n'avez à vous repentir... vous vous êtes mépris... sans doute...

HECTOR.

Oh! du tout!... Depuis longtemps je vous connais, je vous suis... sans être remarqué... et je vous admire et je vous...

AMÉLIE, passant devant lui.

N'achevez pas... Monsieur... je vous en prie... ne me forcez pas à dire à mon mari...

HECTOR.

Vous ne direz rien à votre mari, madame.

AMÉLIE.

Comment, monsieur?

HECTOR*.

Voudriez-vous, pour quelques paroles dont votre vertu doit peu s'inquiéter, mettre deux colères en présence, l'épée au poing...

AMÉLIE.

Oh! monsieur...

HECTOR.

Car votre mari est jaloux... très-jaloux, n'est-ce pas?

* Hector, Amélie.

AMÉLIE.

Mais...

HECTOR.

Il doit l'être... à moins de supposer qu'il soit aveugle...

AMÉLIE.

Mais vous me supposez aussi une patience inépuisable.

HECTOR.

Trop juste !... Madame !... Je ne veux pas abuser de vos instants... pour une première fois.

AMÉLIE.

Plaît-il ?

HECTOR.

Mais, rassurez-vous !... rassurez-vous... je reviendrai...

AMÉLIE.

Vous reviendrez ?...

HECTOR.

Oh ! pas tout de suite !... Je suis discret !... Je serai ici dans une heure !...

AMÉLIE.

Ah !... c'est trop fort...

HECTOR.

Oh ! je comprends !... vous vous dites... je refuserai ma porte à ce Monsieur... Je le ferai consigner...

AMÉLIE.

Mais...

HECTOR.

Très-bien... Vous êtes dans votre rôle... Moi, le mien est de tout braver, de tout entreprendre... et quand on aime... sincèrement... on trouve toujours moyen de se rapprocher de l'objet aimé.

AMÉLIE.

Mais, Monsieur...

HECTOR.

Dans une heure, Madame, dans une heure !...

AMÉLIE.

C'est un fou !... (Elle sort à droite.)

SCÈNE IX

HECTOR seul, puis FRANCINE.

HECTOR.

Oh ! je suis piqué au jeu ! Elle est délicieuse. Je ne l'aime pas !... mais j'ai à me venger !... Ah !... (A Francine, qui entre du fond.) Marion, tiens, voilà pour toi !... (Il lui donne un louis et se sauve par le fond.)

FRANCINE, seule.

Encore un louis !... ça fait trois !... Décidément je l'avais
mal jugé !... il est excessivement aimable !... et très comme
il faut !... (On entend sonner.) Oh ! madame m'appelle ! (Elle
entre à droite, au moment où Montalet entre en scène par la gauche.)

SCÈNE X

MONTALET, seul. Il regarde à droite et à gauche.

Je viens de chez Nisida... Elle dormait, je n'ai pas voulu
qu'on la réveillât... et j'ai remis ma lettre à Fanchette, qui la
lui donnera à son lever !... Je crois que ce réveil de 3,000 fr.
la touchera ! J'y ai joint une invitation à dîner pour ce soir...
chez Brébant... avec un menu rédigé par moi !... (Il se frotte
les mains et s'arrête tout-à-coup.) Eh quoi ! je me réjouis... sous
le toit conjugal... Oh !... la semaine prochaine j'achèterai à ma
femme un châle de 6,000 francs... ce sera mon châtiment !...

SCÈNE XI

AMÉLIE, MONTALET*.

AMÉLIE, venant de la droite et parlant à la cantonade.

C'est bien, Francine, payez l'afficheur et les frais d'impression... Ah ! (Se retournant et apercevant Montalet.)

MONTALET.

Qu'entends-je ?... les frais d'impression... un afficheur !...
aurais-tu fait un livre ?... serais-tu bas bleu ?

AMÉLIE, avec effroi.

Oh !

MONTALET.

Si je le soupçonnais !... mais alors ?...

AMÉLIE.

Eh bien ! il m'est venu une idée, au sujet des 3000 francs
que tu as perdus...

MONTALET, à part.

Encore ! (Haut.) Et...

AMÉLIE.

Une idée à laquelle tu n'avais pas songé...

MONTALET.

Voyons... enfin...

AMÉLIE.

J'ai envoyé Francine chez un imprimeur... j'ai fait faire
des affiches...

* Montalet, Amélie.

MONTALET.

Hein?

AMÉLIE.

Avec ces mots : 500 francs de récompense...

MONTALET, l'interrompant.

Des affiches! des affiches!.. où sont-elles? (Il remonte.)

AMÉLIE*.

A tous les coins de rue...

MONTALET.

Malheureuse!

AMÉLIE.

Quoi donc? Qu'avez-vous?.. ai-je eu tort?

MONTALET.

Non... si!... non...

AMÉLIE.

Est-ce oui?.. est-ce non?

MONTALET.

Eh bien! non... Je voudrais te laisser cette dernière illusion... qu'il existe encore en 1865 des gens qui rapportent des billets de mille... mais je connais mon siècle... Jamais, retiens bien ceci, jamais on ne me rapportera mes 3000 francs.

SCÈNE XII

LES PRÉCÉDENTS, FRANCINE, HECTOR.

FRANCINE, entrant du fond.

M. Delaunay!

MONTALET **.

Monsieur... qui?

HECTOR, entrant.

Madame... monsieur... (Il salue.) J'ai le plaisir de vous rapporter ceci... (Il donne des billets à Montalet.)

MONTALET, très-étonné.

Comment?

HECTOR.

Le compte y est bien... voyez!... (Bas à Amélie.) Je vous avais bien dit, madame, que je reviendrais...

AMÉLIE.

Oh! monsieur!..

MONTALET, à part.

Mais c'est de la féerie!.. c'est prodigieux!.. (Haut.) Comment, monsieur, vous avez trouvé...

* Amélie, Montalet.
** Amélie, Hector, Montalet.

HECTOR.

Par le plus grand des hasards ; je marchais la tête baissée,
en rêvant... (Il regarde Amélie.) Je rêve beaucoup depuis quelques jours... lorsque mes yeux se sont arrêtés... sur une petite liasse... c'étaient vos billets... 3000 francs, n'est-ce pas ?

MONTALET.

Oui... oui !.. (A part.) C'est un truc ! (Haut.) Que d'obligations, monsieur !

HECTOR.

Il n'y a pas de quoi !

MONTALET, à Amélie.

Eh bien ! chère amie, tu ne remercies pas monsieur ?

AMÉLIE.

Mais si... et j'ai d'autant plus de remercîments à lui adres-
ser, qu'à présent me voilà certaine d'avoir mon châle...

MONTALET, vivement, à part *.

Oh ! son châle !.. nous verrons plus tard !..

HECTOR.

Comment, madame, cet argent était destiné.....

AMÉLIE.

Oui, monsieur, un cadeau de mon mari, promis depuis
longtemps, perdu hier au soir, et retrouvé ce matin, grâce
à vous...

MONTALET, posant les billets sur le guéridon **.

Pardon, monsieur, pour tous ces petits détails de ménage...
et si jamais... monsieur... monsieur ?.....

HECTOR.

Hector Delaunay...

MONTALET.

Hector Delaunay... attendez donc ! au club des 113... un
candidat...

HECTOR.

Malheureux... c'est moi !.. Et si j'osais espérer comme récompense honnête...

MONTALET.

Soyez tranquille !.. ah ! l'article 3 est inflexible... mais il
y aura bientôt une vacance...

HECTOR.

Que de remercîments !.. (A part.) Ça m'a coûté mille écus...
mais j'ai un pied dans la place... (Saluant.) Madame... monsieur...

* Hector, Amélie, Montalet.
** Hector, Montalet, Amélie.

MONTALET.

Permettez que je vous reconduise! (Il sort par le fond, accompagnant Hector.)

SCÈNE XIII

MONTALET, AMÉLIE.

AMÉLIE, prenant les billets tandis que Montalet reconduit Hector.

Et moi, j'ai mon châle!.. Évidemment, ce jeune homme ne voulait que plaisanter, ce matin... Il désirait parler à mon mari, pour lui remettre cet argent... et n'ayant trouvé que moi ici... mais j'y pense... il veut être du cercle des 113... et mon mari me disait encore ce matin que tous les moyens étaient bons pour arriver à faire des démissionnaires... Ah! ah!.. il me fait la cour, espérant... ah! ah!

MONTALET *, qui était resté à la porte du fond à réfléchir, et redescendant.

Il est fort bien, ce jeune homme!

AMÉLIE.

Tu trouves?... Dis donc, mon ami, est-ce en faveur de ce monsieur Hector que tu renonces à ton cercle?

MONTALET.

Moi! renoncer au cercle, jamais! (A part.) Le cercle, c'est la liberté! (Haut.) Ah! à propos, je ne dîne pas ici, ce soir.

AMÉLIE.

Ah! et pourquoi?

MONTALET.

J'ai un grand dîner... chez Bréb... (Se reprenant) au club!...

AMÉLIE.

Encore! c'est bien! je vais sortir!

MONTALET.

Ah! ce matin tu disais...

AMÉLIE.

J'ai changé d'idée... je me résigne au velours... (A part.) Pas pour longtemps!... (Appelant.) Francine.

FRANCINE.

Voilà, madame!

AMÉLIE.

Sans adieu, mon ami!... Suivez-moi, Francine, vous me donnerez mon chapeau et mon cachemir... mon manteau de velours... (Elle sort à gauche, suivie de Francine.)

* Amélie, Montalet.

SCÈNE XIV

MONTALET, seul.

Ah! j'avais besoin d'être seul!... Conçoit-on ma situation! Mais c'est le vol à l'affiche que je viens de commettre... Comment, je ne perds pas 3,000 francs, et je les retrouve! Que faire?... je ne puis avouer à ma femme... et, d'un autre côté, je ne puis garder cet argent... qui appartient à un autre... Ah! il n'y a qu'un moyen!... aller au bureau des objets perdus, et demander le nom de l'individu qui a réellement égaré... oui... c'est cela... je restitue et je suis sauvé... Vite, mon chapeau!

SCÈNE XV

MONTALET, FRANCINE *.

FRANCINE, venant de la droite.
Monsieur, c'est l'afficheur qui apporte sa note...
MONTALET, remontant.
Qu'il aille au diable!

FRANCINE.
Ah! monsieur, c'est cependant de l'argent bien employé.
MONTALET.
C'est bon!

FRANCINE.
Puisque, grâce aux affiches... vous êtes rentré...
MONTALET.
C'est bon, vous dis-je!

FRANCINE.
N'est-ce pas, que j'ai eu là une bonne idée?... Car c'est moi qui ai conseillé à Madame...
MONTALET, qui allait sortir, revenant.
Ah! c'est toi?... (A part.) Je me défierai de cette domestique-là... Elle a trop d'idées... (Haut.) Où est-il, cet afficheur?

FRANCINE.
Là! il attend!
MONTALET.
*J'y vais! (Il entre à droite.)

* Francine, Montalet.

SCÈNE XVI

FRANCINE, HECTOR.

FRANCINE.

C'est drôle ! on dirait que Monsieur est contrarié d'avoir retrouvé son argent !

HECTOR, entrant vivement *.

Je viens de chez Nisida !

FRANCINE.

Tiens, encore ce monsieur !

HECTOR.

Laisse-moi... va-t-en ! j'ai besoin de réfléchir !

FRANCINE.

Mais...

HECTOR.

T'en iras-tu ?

FRANCINE.

Oui, monsieur ! (Elle sort par le fond.)

SCÈNE XVII

HECTOR, seul.

Nisida dormait encore !... mais j'ai saisi cette dépêche dans le corsage de Fanchette. L'amour excuse ce genre de piraterie ! (Montrant une lettre.) Une lettre de monsieur Montalet, m'a-t-elle dit... Je l'ai ouverte ! l'amour excuse ce genre d'indiscrétion ! (Il ouvre la lettre et lit.) « Mademoiselle, j'ai re-« tenu pour ce soir le cabinet 10, chez Brébant, et commandé « un petit festin dont voici le menu : homard à la diable, « cailles en caisse, truffes sous la serviette, moët et château « d'Iquem. On demande votre approbation et votre pré-« sence... » Il presse le dénouement, c'est clair ! Et, en post-scriptum... « Comme il fera froid ce soir, couvrez-vous « d'un cachemire qui vous attend à la compagnie des In-« des... » (Fouillant l'enveloppe.) Et des billets de banque sous l'enveloppe... 3,000 francs !... 3,000 francs !... eh ! mais, c'est clair !... Ce matin, cet air embarrassé... est-ce que par hasard ?... Mais cependant les affiches... je n'y suis plus du tout...

* Hector, Francine.

SCÈNE XVIII

HECTOR, MONTALET.

MONTALET, entrant sans voir Hector.

Eh! c'est bien assez! cinq francs de pourboire, pour des affiches que je n'ai pas demandées!...

HECTOR, à part.

Que dit-il?

MONTALET.

Et qui m'ont assez embarrassé...

HECTOR.

Je devine tout, maintenant!

MONTALET.

Heureusement... (Se retournant.) Monsieur Delaunay!...

HECTOR.

Moi-même, cher monsieur... (A part.) Assurons-nous du fait!

MONTALET.

Qu'y a-t-il encore?

HECTOR.

Il y a... mon Dieu!... c'est assez difficile à vous expliquer...

MONTALET.

Parlez! Parlez!

HECTOR.

Eh bien! figurez-vous que dans mon empressement à vous rapporter les trois mille francs, je crois avoir commis une erreur...

MONTALET.

Eh! quoi donc?

HECTOR.

On a su chez moi, dans mon quartier... par les commérages du concierge, que j'avais trouvé 3,000 francs, et une autre personne s'est présentée pour les réclamer.

MONTALET.

Ah! une autre personne?...

HECTOR.

Cette réclamation m'a d'abord étonné...

MONTALET.

Pourquoi donc? c'est très-naturel...

HECTOR.

Vous trouvez?

MONTALET.

Parfaitement! asseyez-vous donc! (A part.) Je vais donc pouvoir restituer cet argent qui me pèse! (Ils s'asseyent à gauche.)

HECTOR.

Dites-moi, je vous prie... quels étaient les numéros des billets que vous avez perdus?

MONTALET.

Les numéros?

HECTOR.

Oui, vous savez... On prend souvent note des billets...

MONTALET.

Ah! ma foi... j'ai négligé cette précaution...

HECTOR.

Heureusement le caissier... c'est un caissier qui, comme vous, a perdu 3,000 francs... il avait pris les numéros... il me les a donnés.

MONTALET, se levant ainsi qu'Hector.

Vous les avez!... (A part.) Oh! quelle chance! je vais donc être débarrassé de cet argent anonyme! (Haut.) Puisqu'il en est ainsi, vérifions!

HECTOR, à part.

Je me suis enferré, il va me rendre les billets... et me mettre à la porte.

MONTALET, il se fouille.

Tiens! où les ai-je donc mis?

HECTOR.

Encore perdus?

MONTALET.

Oh! non, j'y suis! C'est ma femme qui les aura serrés... Je les avais déposés là! (Il sonne.) Francine? (Francine entre.) Dites à madame Montalet de venir... ou plutôt je vais...

FRANCINE.

Monsieur sait bien que Madame est sortie!

MONTALET.

C'est vrai...

FRANCINE.

Mais... la voici!

SCÈNE XIX

LES PRÉCÉDENTS, AMÉLIE.

AMÉLIE, entre par le fond et suivie d'un domestique portant un carton.

C'est bien! laissez cela ici! (Le domestique dépose un carton sur la table et sort par le fond.)

MONTALET*.

Chère amie! tu arrives fort à propos!

* Hector, Amélie, Montalet.

AMÉLIE.

Vraiment ?

MONTALET.

Nous sommes en pleine erreur !... Les 3,000 francs que Monsieur a trouvés ne sont pas les miens !

AMÉLIE.

Est-il possible ?

HECTOR.

Je le regrette, madame !

MONTALET.

Et tu as pris ces billets ?

AMÉLIE.

Sans doute !

MONTALET.

Eh bien ! il faut les rendre...

AMÉLIE.

Mais, je ne les ai plus...

MONTALET.

Tu dis ?

AMÉLIE.

Je viens d'acheter mon châle...

MONTALET.

Allons !... bon !

HECTOR, à part.

Très-bien !... ça se complique !

AMÉLIE.

Je ne vois qu'une chose à faire... c'est de se résigner... et de rendre l'argent...

MONTALET.

Voilà le hic !... C'est que je n'ai pas en ce moment...

AMÉLIE.

Ecrivez à votre notaire.

MONTALET.

C'est juste !... (S'arrêtant.) Bon ! bien, c'est fête aujourd'hui !

HECTOR.

N'est-ce que cela ?... permettez-moi d'avancer...

MONTALET*.

Je ne veux pas ! Lundi à midi... on se présentera...

HECTOR.

Mais songez donc, monsieur, au malheureux caissier, car c'est un caissier, père de famille, qui attend, perplexe, anxieux... chez moi !

* Hector, Montalet, Amélie.

MONTALET.

Allons ! j'accepte !... mais que cela ne vous gêne pas !

HECTOR.

Nullement !... j'ai sur moi, par hasard, la somme nécessaire. (Il lui fait voir rapidement des billets de banque.) Ainsi, je cours rassurer ce malheureux caissier... (Saluant respectueusement.) Madame, monsieur... (Il sort par le fond.)

MONTALET.

A lundi, mon cher créancier !

SCÈNE XX

AMÉLIE, MONTALET [*].

MONTALET, s'asseyant.

Ah ! je suis contrarié !... Tu avais bien besoin de courir tout de suite chez le marchand de châles !... Vois dans quelle situation tu me places...

AMÉLIE.

Puisque ce monsieur consent... jusqu'à lundi...

MONTALET.

Raison de plus !... il m'est pénible de devoir de l'argent à une personne que je ne connais pas... (Se frappant le front.) Oh !... quelle idée ! (Il se lève.)

AMÉLIE.

Qu'avez-vous ?

MONTALET, à lui-même.

Nisida... dormait ! elle doit dormir encore !... Fanchette a ma lettre... je cours...

AMÉLIE [**].

Où allez-vous ?

MONTALET.

Je vais... je vais... emprunter au premier ami qui me tombera sous la main... tant pis pour celui que le hasard favorisera...

AMÉLIE.

C'est juste !... j'aime autant n'avoir pas d'obligations à ce monsieur...

MONTALET, à part.

Pourvu que Nisida dorme encore ! (Il prend son chapeau et sort par le fond.)

[*] Montalet, Amélie.
[**] Amélie, Montalet.

SCÈNE XXI

AMÉLIE, puis HECTOR.

AMÉLIE.

Enfin, me voilà seule !... personne ne peut me déranger...
voyons !... (Elle va au carton qui est sur la table.) Qu'il est joli !
(Elle déplie un cachemire.) Quel dessin ! quel tissu fin et
soyeux !... (Elle met le châle et se mire dans la glace.) Conçoit-
on qu'une femme un peu élégante puisse vivre sans cela ? il
me va à ravir !... là... ainsi posé !... (Elle fait diverses poses
devant la glace, tout en essayant son châle.)

HECTOR, sur le seuil, à part*.

Ah ! la répétition générale du cachemire...

AMÉLIE, sans voir Hector.

Non... ça n'est pas cela... en tirant de ce côté... oui, les
plis tombent mieux !... j'ai envie de sortir tout de suite !...
Il ne traîne pas ? si !... tant mieux !... (En se retournant elle ap-
perçoit Hector.) Ah ! vous, monsieur !...

HECTOR.

Ne vous dérangez pas... Je vous admirais, c'est-à-dire...
j'admirais ce cachemire...

AMÉLIE, riant.

Oh ! ne vous gênez donc pas, monsieur... dites-moi que
vous m'admirez... que vous m'aimez, dites que je suis jeune,
charmante, aimable, spirituelle... dites... je ne me fâcherai
pas !

HECTOR.

Quoi, madame ?

AMÉLIE.

C'est une comédie que vous jouez, je le sais...

HECTOR.

Comment, vous savez ?

AMÉLIE.

Et si cette comédie pouvait réussir... je ne m'en plain-
drais pas.

HECTOR.

Pardon, madame, expliquez-moi...

AMÉLIE.

Que puis-je vous expliquer que vous ne sachiez mieux que
moi ?... Votre but n'est-il pas d'inquiéter mon mari... en
vous montrant assidu près de moi ?

HECTOR.

Mais... (A part.) Saurait-elle ?

* Amélie, Hector.

AMÉLIE.

Voyons !... faut-il que je vous vienne en aide ?... faut-il que je sois de moitié dans le complot ?

HECTOR.

En vérité, madame, je ne comprends pas... ou je n'ose pas comprendre...

AMÉLIE.

Comment, vous ne comprenez pas que j'ai autant d'envie que mon mari ne soit plus de son cercle, que vous en avez, vous, de prendre sa place !...

HECTOR.

Eh quoi! madame, vous supposez... que je veuille simplement inquiéter M. Montalet...

AMÉLIE.

Pour qu'il donne sa démission...

HECTOR.

Et que je devienne titulaire ?... oh ! non, madame, je veux bien être du cercle des 113, mais pas à ce prix-là !... au prix de mon bonheur... car je vous aime, et très-sérieusement !...

AMÉLIE.

Oh ! monsieur, j'espère que cet amour-là n'ira pas jusqu'à l'enlèvement...

HECTOR.

Je suis capable de tout... madame ! même d'arriver jusque près de vous, à l'aide d'un mensonge...

AMÉLIE.

Que voulez-vous dire ?

HECTOR.

Que je n'ai réussi à pénétrer ici... chez vous... et du consentement de votre mari, qu'en simulant une trouvaille de 3,000 francs...

AMÉLIE.

Quoi, monsieur ?

HECTOR.

Hé ! madame... 3,000 francs, ça se perd quelquefois, mais ça ne se trouve jamais...

AMÉLIE.

Ah ! mon Dieu !... mais alors... ce châle... (Elle le laisse tomber à terre.)

HECTOR.

Oh ! madame !

AMÉLIE.

Il me brûle les épaules ! (A elle-même.) C'est dommage, il m'allait si bien !

HECTOR, à part.

Pauvre femme !

SCÈNE XXII

Les précédents, MONTALET.

MONTALET, entrant sans voir personne*.

Elle ne dormait plus !... sortie !... avec ma lettre... avec...
(Apercevant le châle sur lequel il a marché.) Eh bien ! chère amie,
fais donc attention... ton cachemire est à terre !

AMÉLIE.

Ce cachemire... il est affreux !... je ne le mettrai pas !... je
n'en veux plus !... (Elle entre à gauche.)

MONTALET, le ramassant.

Amélie ! Ça n'est pas une raison pour marcher dessus !... a-
t-on jamais vu !... (Se retournant.) Tiens ! vous êtes encore là ?

HECTOR.

Comme vous voyez !

MONTALET, à part.

Ah ! ça... il a donc emménagé chez moi ! Il abuse du droit
de visite !...

HECTOR.

Voilà bien les femmes, n'est ce pas ?... elles brûlent ce
qu'elles ont adoré, les sicambres !...

MONTALET.

Pardon, monsieur, pardon... mais je croyais n'avoir le plaisir de vous rencontrer que lundi...

HECTOR, à part.

De l'impertinence... attends !... nous allons nous expliquer,
mon bon ! (Haut.) je l'espérais aussi... monsieur, mais comme
il est survenu un nouvel incident...

MONTALET.

Qu'y a-t-il encore ?

HECTOR.

Vous savez bien ce caissier...

MONTALET.

Oui, eh bien ?

HECTOR.

Il a retrouvé au fond d'un tiroir inexploré les billets qu'il
croyait avoir perdus.

MONTALET, vivement.

Ça m'est bien égal !... (Se ravisant.) Non... tant mieux...
après ?...

HECTOR.

Après ?... mais c'est clair... si l'argent trouvé par moi n'est
pas au caissier... il est à vous...

* Amélie, Montalet, Hector.

MONTALET, avec humeur.

Mais non...

HECTOR, avec intention.

Mais si... Il est bien à vous, qui l'avez égaré hier, comme l'indiquent vos affiches, fort bien rédigées, du reste...

MONTALET, à part.

Ah! mais... il m'ennuie...

HECTOR.

Vous comprenez que je ne puis garder un argent qui ne m'appartient pas...

MONTALET, s'oubliant.

Ni moi...

HECTOR.

Hein !

MONTALET, se ravisant.

Sans doute !... rien ne dit d'une manière certaine que ce soient mes billets que vous avez trouvés, et tant que de nouvelles preuves...

HECTOR.

Des preuves !... (A part.) Ah ! tu veux des preuves ! (Il se fouille et tire de sa poche trois billets de mille qu'il lui présente.) Regardez bien ceci.

MONTALET.

Une seconde trouvaille ?.....

HECTOR.

Non, monsieur, la seule et unique ; ce sont bien réellement les billets que vous avez perdus. Regardez-les bien.

MONTALET.

Tous les billets de banque se ressemblent... Comment pouvez-vous savoir ?...

HECTOR.

Oh ! c'est très-facile... Dites-moi seulement l'emploi de votre soirée d'hier, je verrai bien d'après votre itinéraire...

MONTALET, à part.

Oh ! décidément il m'ennuie ! Je vais lui broder un itinéraire de fantaisie... (Haut.) Voici : Sorti à 6 heures de chez moi... j'ai suivi le boulevard, et j'ai dîné au club...

HECTOR.

Très-bien !

MONTALET.

Puis, à 9 heures, je suis sorti... j'ai parcouru les petits théâtres... à 11 heures, j'ai été à l'Opéra voir la fin du ballet, et...

HECTOR, qui a fait pendant ce qui précède des signes de dénégation.

Non, non, ce n'est pas ç'.

MONTALET.

Plaît-il ?

HECTOR.

Nous nous trompons...

MONTALET.

Mais...

HECTOR.

Permettez-moi de venir au secours de votre mémoire.

MONTALET.

Permettez...

HECTOR.

Voici, monsieur, ce que vous avez fait hier... Vous avez dîné au club... très-bien !... mais après, vous n'êtes allé ni aux petits théâtres, ni à l'Opéra...

MONTALET.

Pourtant...

HECTOR.

Vous avez pris la rue Drouot, la rue Notre-Dame de Lorette, et la rue Labruyère...

MONTALET.

Qui vous a dit ?...

HECTOR.

Vous êtes entré au n° 13... deuxième étage... En guise de cordon de sonnette, il y a un pied de biche à la porte... antichambre avec fleurs... boudoir bleu...

MONTALET.

Ah ! ça, monsieur !

HECTOR.

Pas fini ! C'est dans ce boudoir... ou plutôt, non... c'est dans le corsage d'une femme de chambre... Fanchette... que vos trois billets de banque ont été trouvés...

MONTALET.

Chut ! silence !... soit ! je l'avoue... mais, comme je crois deviner le motif qui vous guide... je vous jure... oh ! mais, là... je vous jure... que mademoiselle Fanchette ne me tient pas au cœur... vrai, là, parole d'honneur !

HECTOR.

Je le crois... aussi n'est-ce pas de la soubrette qu'il s'agit, mais de la maîtresse... de Nisida !

MONTALET.

Plus bas... monsieur... plus bas!

HECTOR.

Eh ! quoi, monsieur, quand on possède, comme vous, une aussi délicieuse compagne...

MONTALET.

Vous êtes bien bon...

HECTOR.

Une femme si distinguée, si séduisante...

MONTALET.

C'est bien, monsieur, c'est bien...

HECTOR.

Séduisante au point que j'en tomberais presque amoureux...

MONTALET.

Ah! mais non!

HECTOR.

Et pourquoi pas?... Car enfin, j'étais heureux, j'aimais Nisida...

MONTALET.

Hein!...

HECTOR *.

Et quand vous voulez détruire ce bonheur, vous ne trouvez pas naturel que je tente de toucher au vôtre...

MONTALET.

Ça n'est pas la même chose!

HECTOR.

Pardon! la situation est identique... Vous êtes marié, occupez-vous de votre femme, c'est votre devoir, mais laissez les autres tranquilles... On crie toujours après les célibataires, il serait temps cependant qu'on criât un peu après les maris... braconniers!

MONTALET.

Mais pourtant...

HECTOR.

Je défends mon foyer... défendez le vôtre; ou bien, si vous voulez vous faire aimer de Nisida...

MONTALET.

Plus bas! plus bas!

HECTOR.

Soit! allez!... ne vous gênez pas!... mais ne trouvez pas mauvais qu'on cherche à plaire à madame Montalet...

MONTALET.

Je saurai bien empêcher...

HECTOR.

La femme est un être fragile!

MONTALET.

Oh! je vous ferai bien renoncer...

HECTOR.

Renoncez d'abord à Nisida...

* Hector, Montalet.

MONTALET.

Céder à une menace, jamais !

HECTOR.

La guerre?... soit !... j'ai là mes petites armes !

MONTALET.

Pistolet, épée... très-bien !

HECTOR.

Non... non... correspondance... séduction... avec billets de banque... et cabinet, 10, chez Brébant... (Tirant la lettre.)

MONTALET.

Oh ! ma lettre !... je suis perdu !

HECTOR.

Et un menu !... un menu !...

MONTALET.

Baissez la voix... je vous prie... (Parlant presque bas.) Eh ! quoi, monsieur... vous abuseriez...

HECTOR.

J'abuserais !

MONTALET.

De la situation ?

HECTOR, même jeu.

Parfaitement !

MONTALET, même jeu.

Ce n'est pas gentil !

HECTOR, plus haut.

Je le sais bien !

MONTALET, bas.

Moins de timbre ! moins de timbre !

SCÈNE XXIII

Les Précédents, AMÉLIE *.

AMÉLIE.

Eh ! mais, qu'y a-t-il donc ?

HECTOR.

Je vais vous dire, madame...

MONTALET, à part.

Que va-t-il faire ?... Je ne me sens pas bien !

HECTOR.

Je priais M. Montalet de m'admettre au club des 113.

AMÉLIE, à part.

Ah ! je comprends !

* Montalet, Hector, Amélie.

MONTALET.

Ah ! oui... oui... Et je disais que, d'après l'article 3, il faudrait une démision...

HECTOR.

Et il donnait la sienne en ma faveur...

MONTALET, à part.

Ah ! mais, non !

HECTOR.

Et, naturellement touché de tant de générosité, je refusais... mais il insistait...

MONTALET, à part.

Oh ! mais non !

HECTOR.

En ajoutant : Je suis le mari d'une femme que j'aime, que je ne veux pas, que je ne dois pas quitter d'un instant !...

AMÉLIE.

Ah ! mon ami ! *(Elle va à son mari.)*

MONTALET*.

Oui, oui, je disais... cependant je ne suis pas encore décidé...

HECTOR.

Bah ! *(Il lui fait voir la lettre pendant que sa femme a le dos tourné.)*

MONTALET.

Si ! si !... j'hésitais... mais je n'hésite plus !

AMÉLIE.

Ah ! quel bonheur ! Et que de remerciments ne vous dois-je pas !

HECTOR.

Je suis heureux, madame !...

MONTALET, bas à Hector.

Rendez-moi ma lettre ?

HECTOR, de même.

Votre démission, d'abord !... (A Amélie.) Il veut absolument écrire tout de suite... au cercle...

AMÉLIE**.

Oui ! oui ! il a raison... une fois les choses écrites, cela reste...

HECTOR.

Vous l'entendez... les choses écrites... ça reste !

AMÉLIE, continuant.

Et il n'y a plus à revenir là-dessus !

MONTALET.

Allons !

* Montalet, Amélie, Hector.
** Amélie, Montalet, Hector.

HECTOR.

Écrivez !

MONTALET, au bureau.

Écrivons !

HECTOR.

Et de plus... M. Montalet vous ménage une surprise...

MONTALET, à part.

Moi ?

AMÉLIE.

Et laquelle ?

HECTOR.

Il vous invite à dîner chez Brébant... un menu délicieux... il l'a rédigé tout à l'heure devant moi.

MONTALET, à part.

Il me fait boire la coupe jusqu'à la lie... (Haut, se levant et montrant le papier.) Voilà !... — rendez-moi ma lettre !

HECTOR, à Madame Montalet *.

Lisez vous-même, madame ! (Il lui donne la lettre que vient d'écrire Montalet, et qu'elle lit pendant ce qui suit... A mi-voix, à M. Montalet.) Mais ce n'est pas tout !

MONTALET, bas.

Oh ! mais, vous abusez !

HECTOR, bas.

Je crois deviner, à votre mauvaise humeur, que votre aimable et charmante femme portera la peine de vos fautes... je garde la lettre...

MONTALET.

Hein ?

HECTOR.

Jusqu'à ce qu'il me soit bien prouvé...

MONTALET.

Écoutez... vous m'avez taquiné, vous m'avez agacé, horripilé... eh bien ! ça me fait plaisir, ce que vous me dites-là... — Oui, j'ai commis une faute... je dois en porter la peine... gardez la lettre !...

HECTOR.

Je suis sûr de vous, maintenant, reprenez-là !

MONTALET.

Non, non !... ayez toujours une arme contre moi... (A part.) Il a du bon, ce jeune homme !

AMÉLIE.

Vous dites, mon ami ?

* Amélie, Hector, Montalet.

MONTALET.

Je dis à M. Hector Delaunay qu'il est de nos amis... et qu'il
nous fera plaisir en venant nous voir... souvent.

HECTOR, bas à Montalet.

Non... je vous ai dit tout-à-l'heure que votre femme était
très-séduisante... ne jouez donc pas avec le feu...

MONTALET.

Il est plein de raison!... c'est un homme à cultiver! (A
Hector.) Il faudra venir nous voir... Ah! non... il ne veut
pas!... (A Amélie.) Ainsi, c'est décidé, nous dinons chez Brébant... chère Amélie!... Eh bien! et ton cachemire...

AMÉLIE *.

Mais...

HECTOR.

Oh! rassurez-vous, madame, il est bien à vous !

AMÉLIE.

Tout-à-l'heure, vous me disiez...

HECTOR.

Je vous jure, foi d'honnête homme... madame, que c'est
moi qui ai trouvé l'argent que votre mari avait perdu... (Bas
à Montalet.) Pas dans la rue, dans le corsage de Fanchette !

MONTALET.

Chut!... moins de diapason!... (A lui-même.) Il est char-
mant !... (A Hector.) Il faudra venir nous voir... Ah! non... il
ne veut pas !

AMÉLIE.

Quoi?

MONTALET.

Il ne veut pas revenir nous voir... (Il va au fond chercher le
cachemire.)

AMÉLIE, à demi-voix à Hector.

Merci, monsieur !

HECTOR, au fond, saluant très-respectueusement.

Madame !... monsieur !...

(La toile tombe.)

* Amélie, Montalet, Hector.

144